中華教育

想畫就畫
Easy to draw

翁真如　繪

鳥禽 篇

出 版 說 明

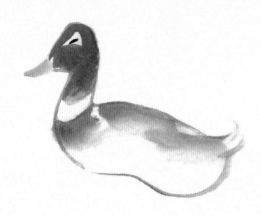

　　中國畫是中國藝術中的一塊瑰寶，深獲大眾喜愛，然而不少人都怯於對毛筆、墨法的不熟悉而不敢學習。有鑑於此，《想畫就畫》嘗試拋開深奧的理論，以最簡單的圖示及教學視頻，讓有興趣的人士自學中國畫。

　　全套書按照傳統中國畫分類，分為花卉篇、蔬果篇、鳥禽篇、動物篇、魚蟲篇、山水篇六冊。每冊均包含二十幅畫作，畫作以分格展示步驟，並附有教學示範視頻，實屬珍貴，十分有助於初學者練習模仿。

　　全書刻意不加任何文字解說，讓初學者免受於理論內容的困擾，而能非常直觀地透過圖示及教學視頻習畫。無論有沒有學過中國畫或書法理論，大人小朋友均可以嘗試跟着繪畫。

　　學習完畢此套書後，如想繼續進一步加深對中國畫認識和學習，則可以參閱翁真如教授另一本著作《中國畫入門》，該書從學理分析到技巧應用，詳細講解示範各類題材的畫法，相信必能讓中國畫的愛好者獲得更全面的知識。

● 作 者 簡 介 ●

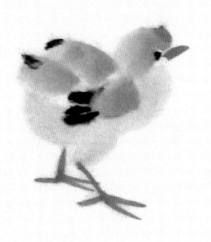

　　翁真如，一九四六年生，廣東梅州人。澳洲太平紳士，澳洲美術家協會主席，澳洲書法家協會主席，香港嶺南畫派趙少昂教授入室弟子，七十年代移居澳洲。中國傳媒大學、北京林業大學、山東大學、西北大學、河南大學等中國多所大學客座教授，中國美術學院國際美術教育交流委員，中國文化部中國文化藝術發展促進會榮譽會長，中國國際書畫藝術研究會顧問，中國華僑國際文化交流促進會理事，廣州藝博院趙少昂專資理事，以及李可染藝術館、高劍父高奇峰紀念館、中國長城書畫院等名譽藝術顧問。

　　翁真如曾先後在中、美、英、德等十多個國家舉辦畫展，並獲得中國美術館和很多國家藝術館收藏。著作有《翁真如繪畫藝術散論》、《中國畫入門》、《藝海履痕》等二十餘種。二〇〇〇年翁真如贈送作品給悉尼奧運會，二〇〇八年贈送作品給北京奧運會，二〇二二年贈送作品給北京冬季奧運會。其作品先後進入北京保利、朵雲軒、瀚海、嘉德等拍賣行春秋大拍和國際藝術品拍賣市場。曾獲澳洲藝術界傑出人士獎，美英多項藝術界傑出獎，多次榮獲澳洲國慶日聯邦政府頒發社會（藝術）貢獻獎和多元文化貢獻獎。二〇一二年翁真如藝術創作室設於北京 798 創意廣場和翁真如美術館落成於廣東番禺。

● 畫 具 ●

寫畫需要準備的工具：

- 1 支小狼毫筆
- 2 支中羊毫筆
- 1 小瓶墨汁
- 宣紙
- 1 盒管裝國畫顏料
- 1 個塑料調色盤

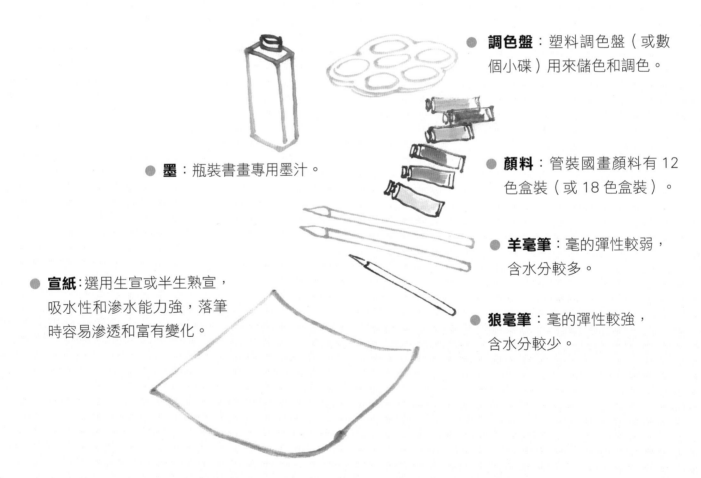

調色盤：塑料調色盤（或數個小碟）用來儲色和調色。

墨：瓶裝書畫專用墨汁。

顏料：管裝國畫顏料有 12 色盒裝（或 18 色盒裝）。

羊毫筆：毫的彈性較弱，含水分較多。

宣紙：選用生宣或半生熟宣，吸水性和滲水能力強，落筆時容易滲透和富有變化。

狼毫筆：毫的彈性較強，含水分較少。

運 筆 的 方 法

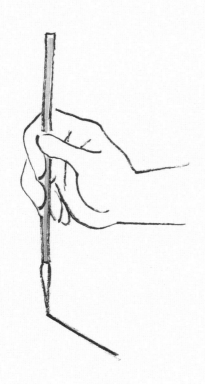

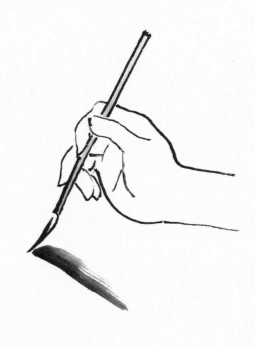

正鋒

筆鋒垂直於紙面，用筆時筆鋒在筆道中間，畫出的線條圓實厚重。

側鋒

筆鋒與紙面形成一定的角度，用筆時筆鋒偏在一邊，畫出的線條效果有濃淡乾濕的變化，也可用於染色。

目 錄

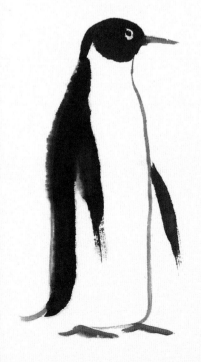

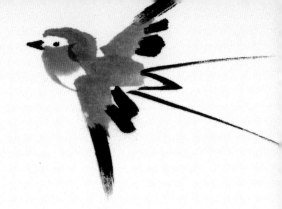

企鵝

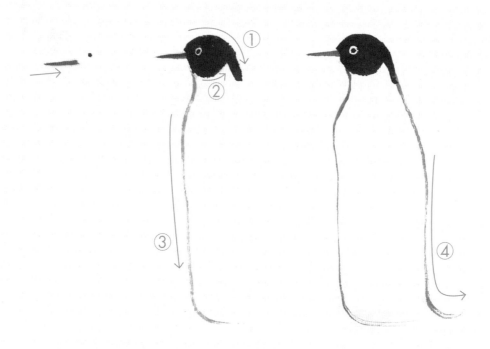

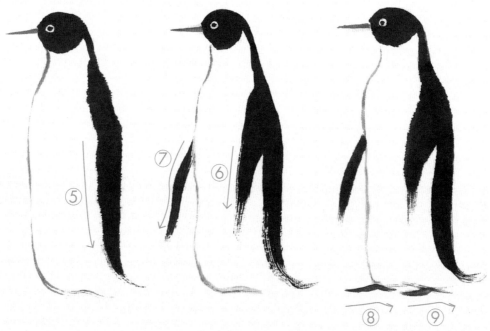

2

天鵝

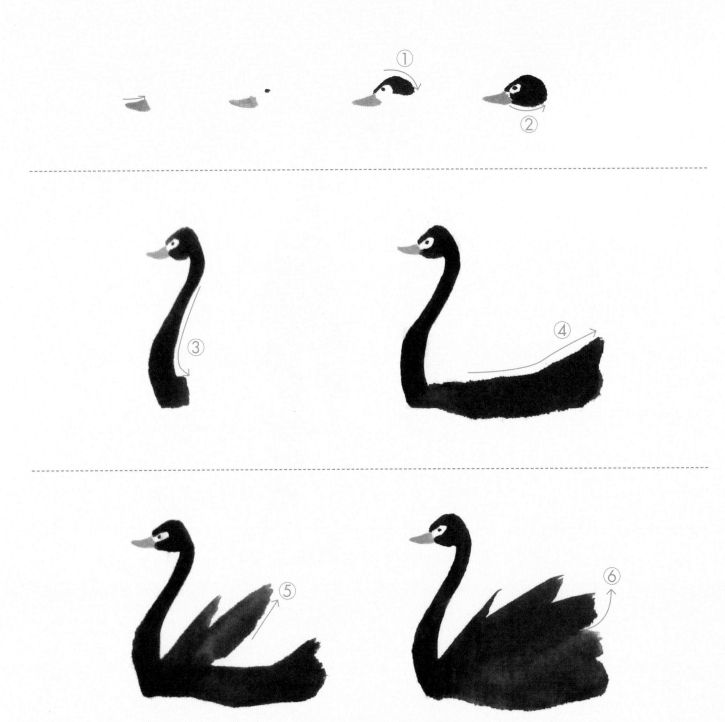

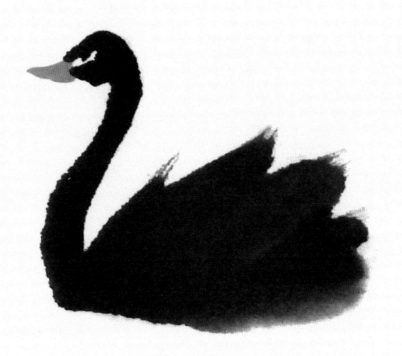

貓頭鷹

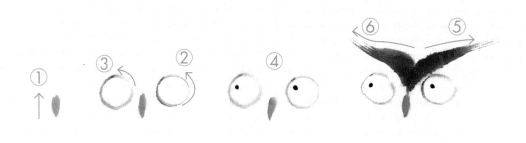

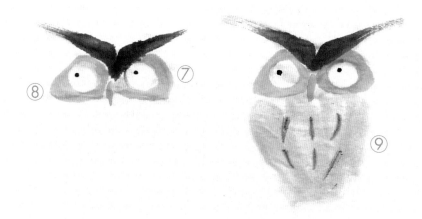

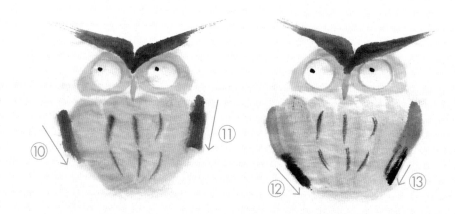

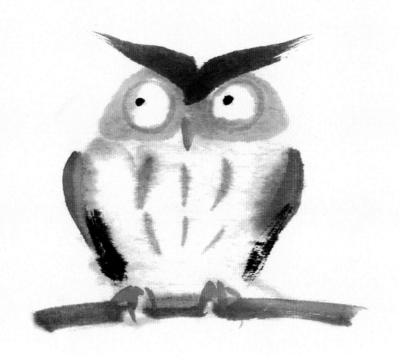

教學 視頻

白鸚鵡

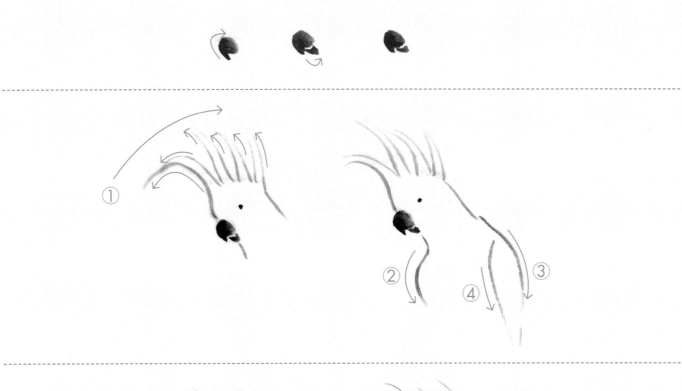

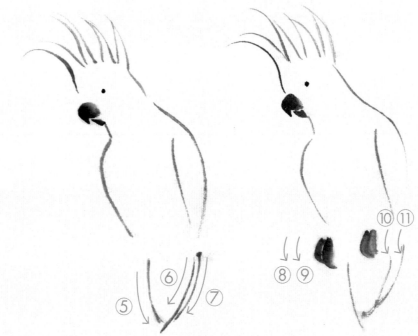

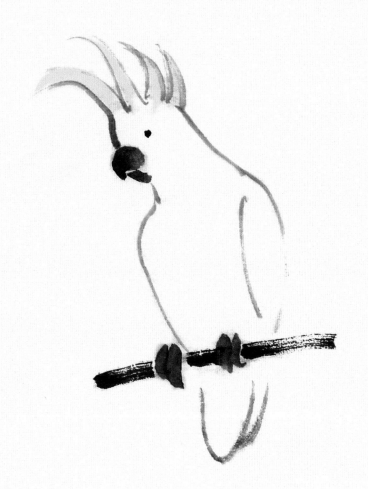

麻雀

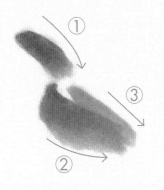

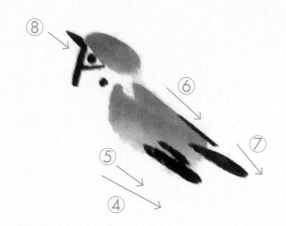

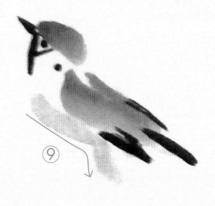

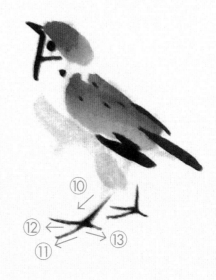

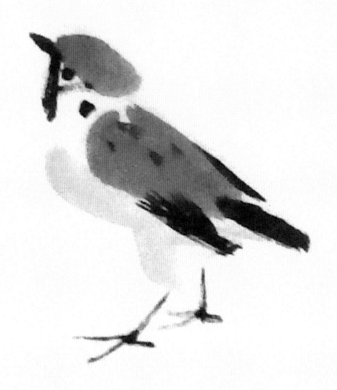

海鷗

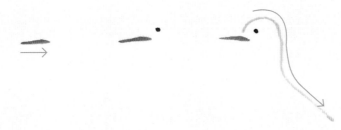

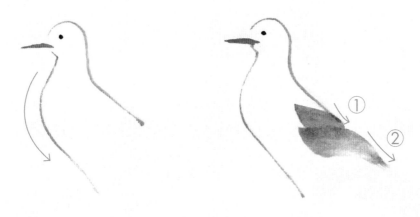

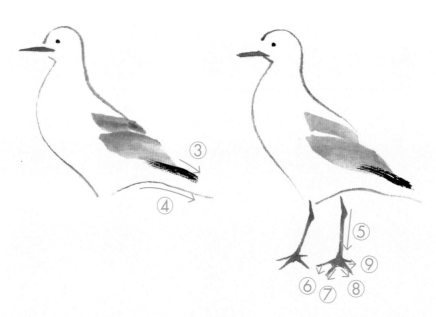

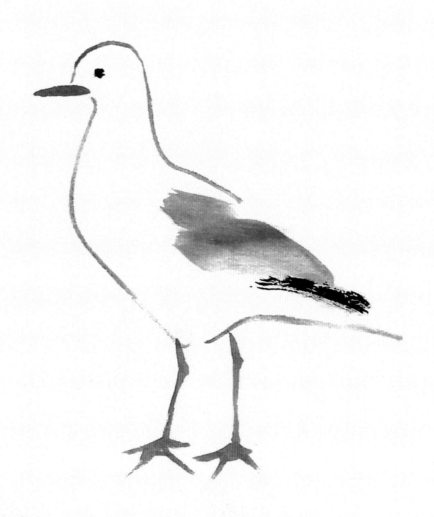

鵜鶘

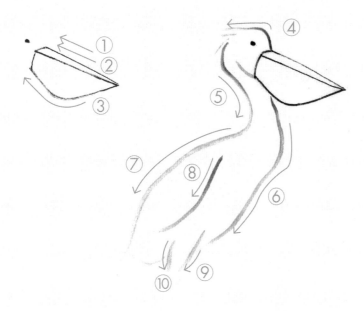

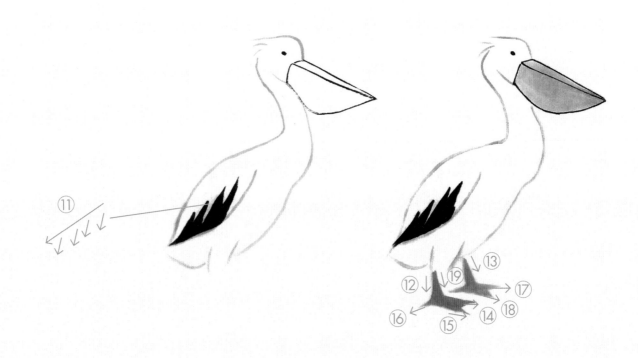

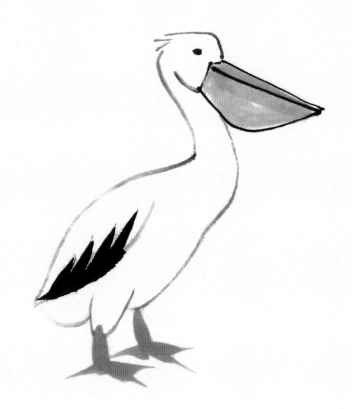

小雞

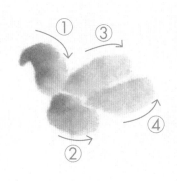

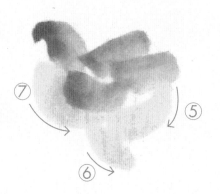

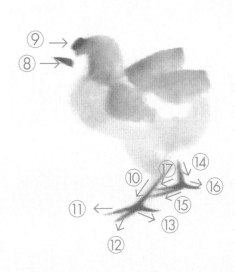

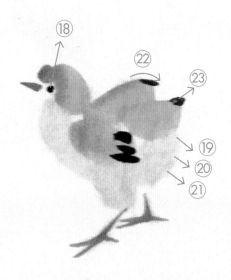

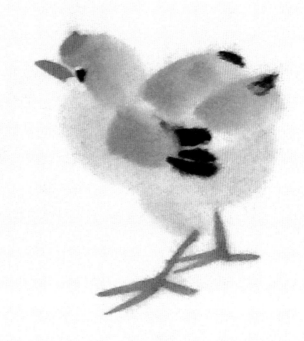

教學 視頻

燕子

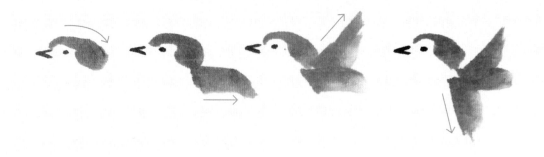

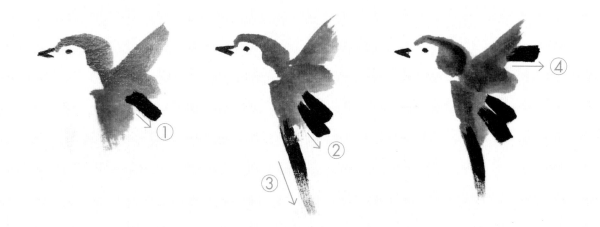

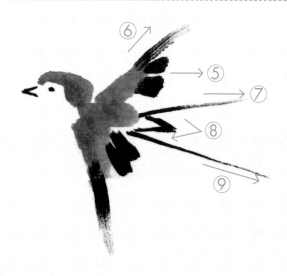

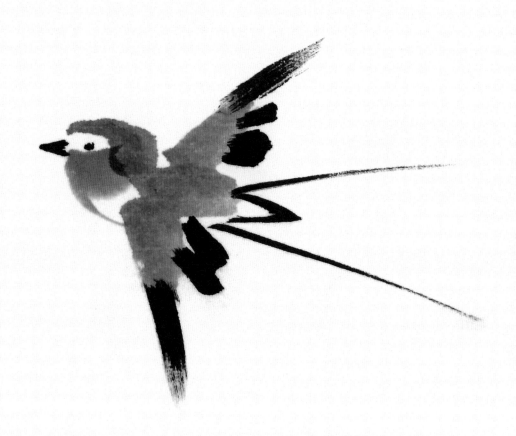

教學 視頻

公雞

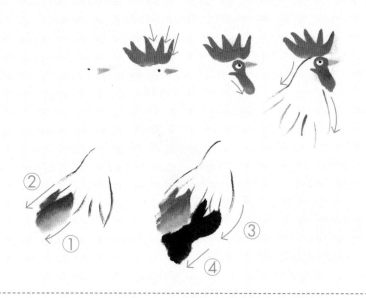

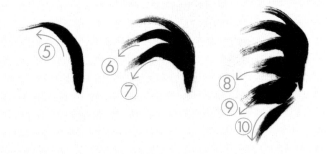

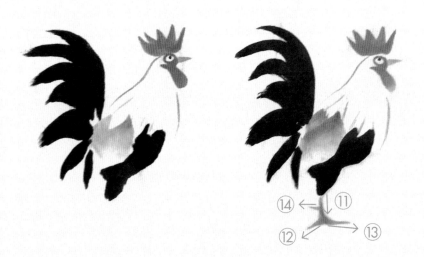

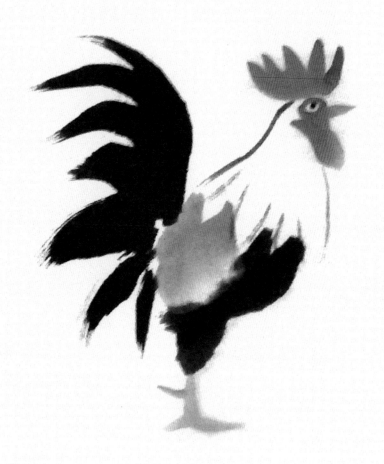

教學 視頻

火烈鳥

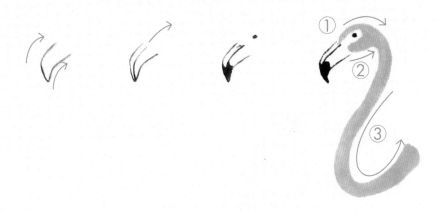

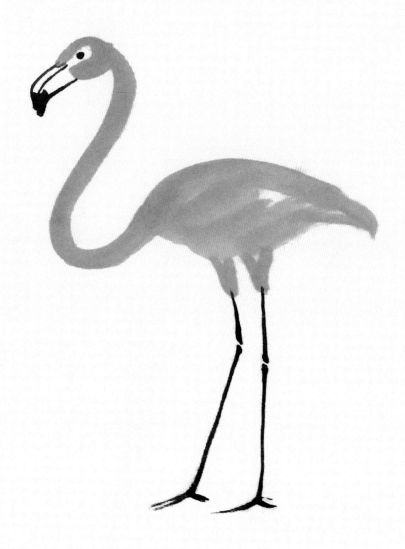

教學視頻

鸚鵡

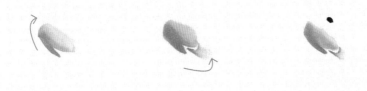

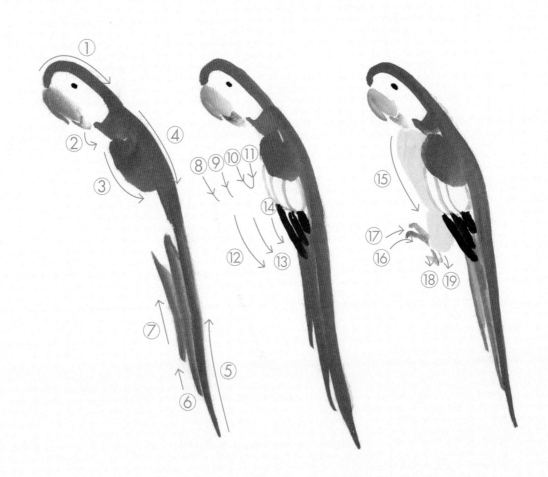

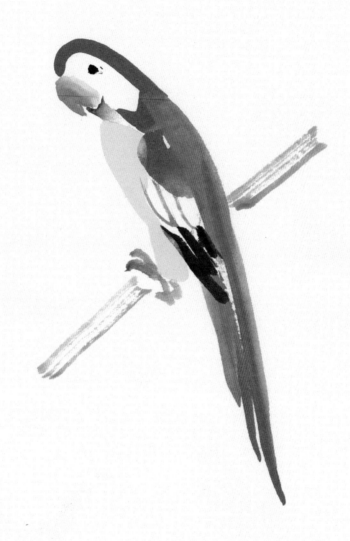

教學視頻

雁

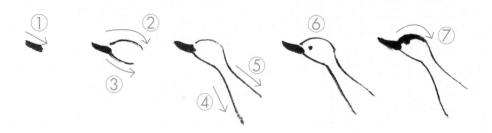

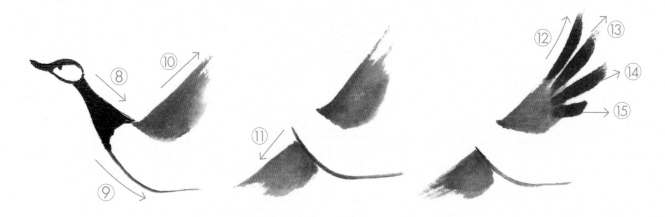

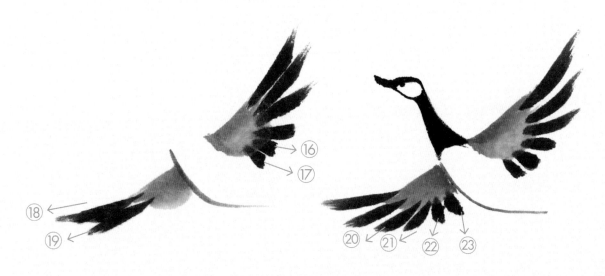

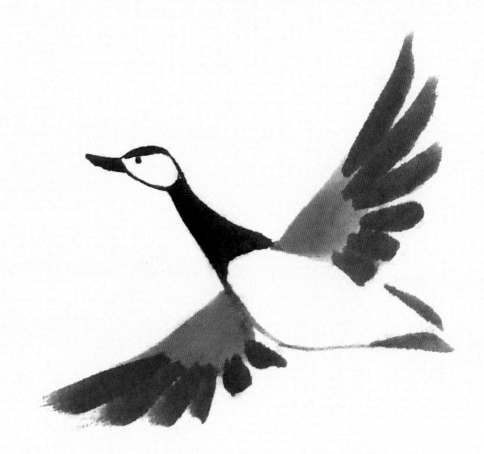

壽帶鳥

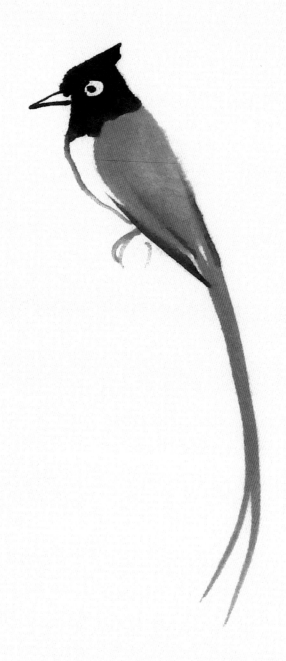

鴨

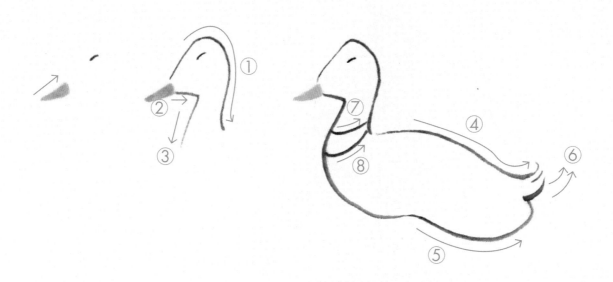

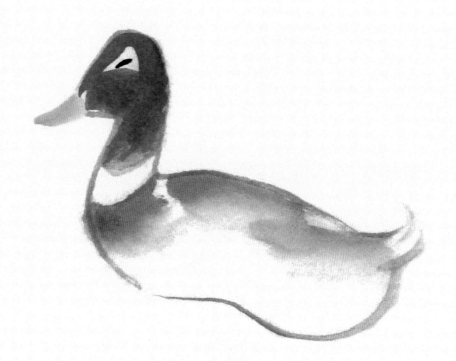

教 學 視 頻

母雞

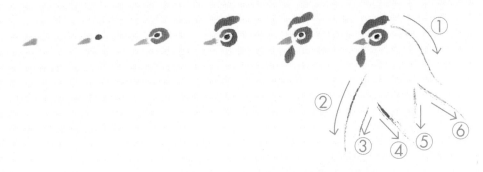

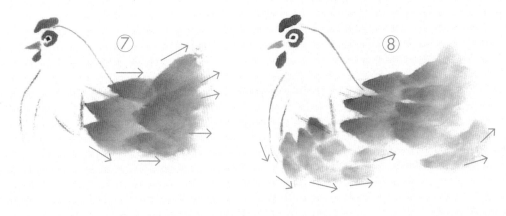

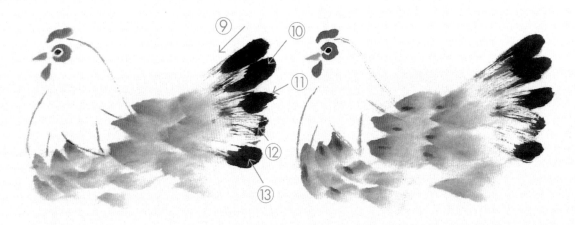

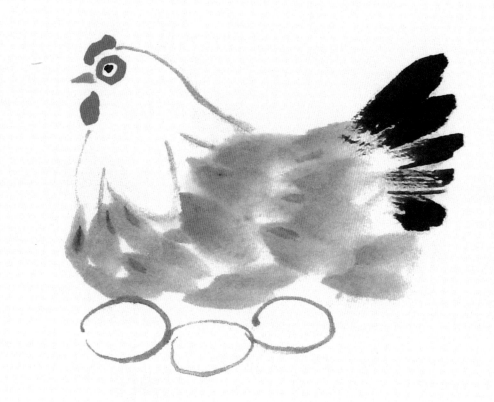

喜鵲

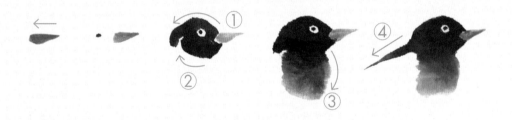

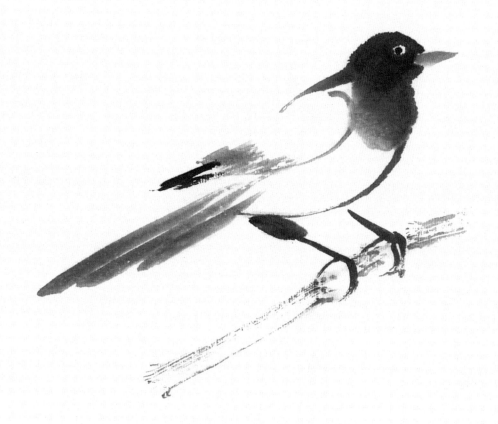

鶴

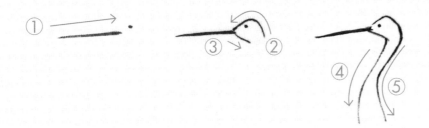

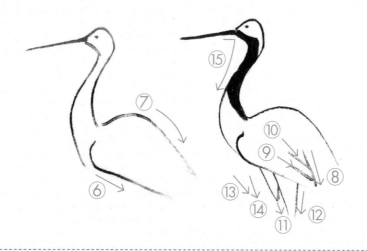

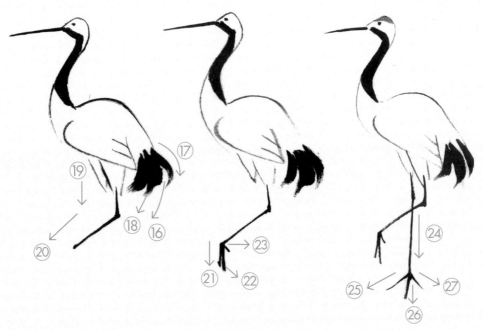

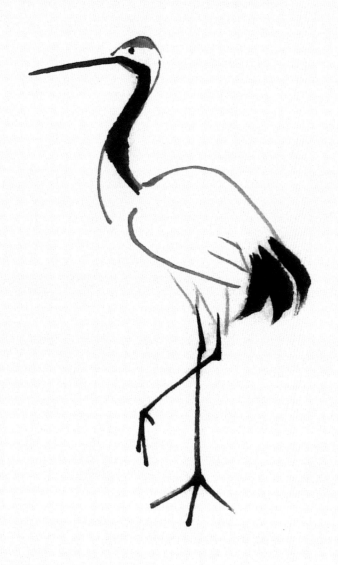

白鴿

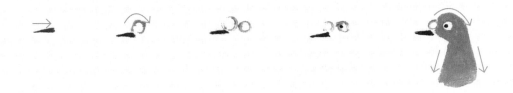

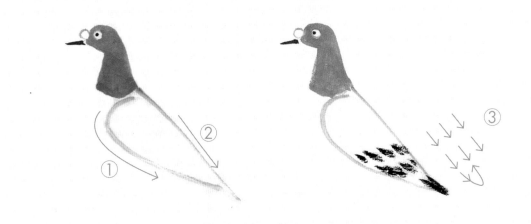

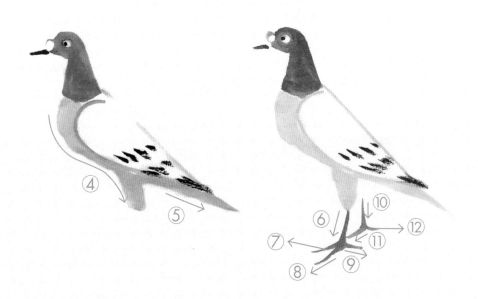

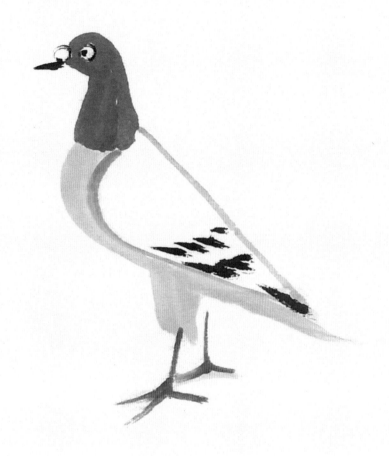

 教學 視頻

雉雞

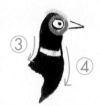

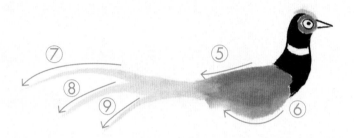

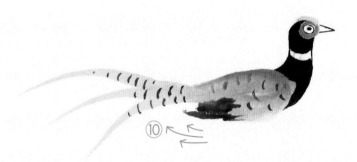

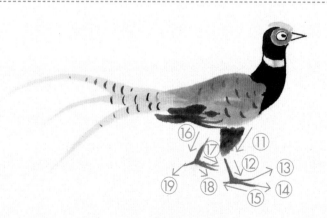

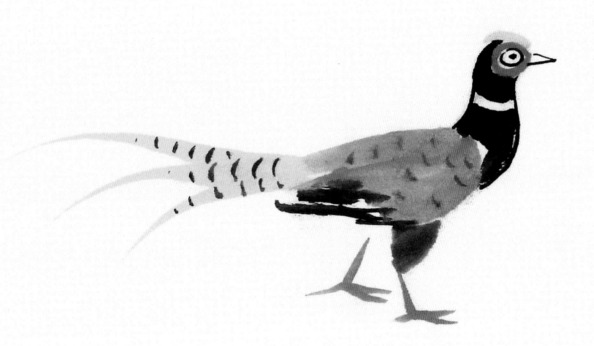

教 學　　視 頻

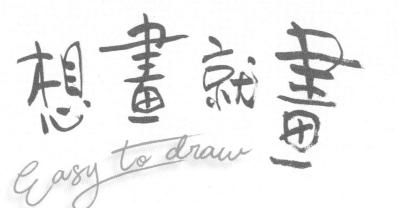

想畫就畫
Easy to draw

翁真如　繪

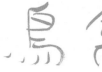

鳥禽篇

責任編輯
吳黎純

視頻支援
夏柏維

裝幀設計
Sands Design Workshop

排　版
Sands Design Workshop

印　務
劉漢舉

出　版
中華教育
香港北角英皇道 499 號北角工業大廈 1 樓 B 室
電話：（852）2137 2338
傳真：（852）2713 8202
電子郵件：info@chunghwabook.com.hk
網址：http://www.chunghwabook.com.hk

發　行
香港聯合書刊物流有限公司
香港新界荃灣德士古道 220-248 號
荃灣工業中心 16 樓
電話：（852）2150 2100
傳真：（852）2407 3062
電子郵件：info@suplogistics.com.hk

印　刷
美雅印刷製本有限公司
香港觀塘榮業街 6 號海濱工業大廈 4 樓 A 室

版　次
2023 年 3 月初版
©2023 中華教育

規　格
16 開（240mm×230mm）

ISBN
978-988-8809-53-0

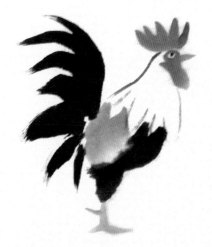